3.Ca

— Silvia Capodivacca

Breve trattato di nomadologia

Una linea di fuga deleuzeana

KrillBooks

Café Philo

I edizione italiana gennaio 2025
Krill Books

Redazione: **Margherita Macrì**
Cover: **Marco Spinelli**
Impaginazione: **Paola D'Amico**
Direttore editoriale: **Mino Degli Atti**
www.krillbooks.com

ISBN 979-12-985156-1-1

INDICE

Quod ergo ingressi sumus
inter istos barbaros,
uisum fuit michi, ut dixi superius,
quod ingrederer aliud seculum.
Guglielmo di Rubruck

Mihi crede, felix illud saeculum
ante architectos fuit, ante tectores.
Lucius Annaeus Seneca

La cultura sedentaria è il punto d'arresto
nella vita della civilizzazione.
Ibn Khaldūn

Socio-ontologia dello spazio

Nella variegata tessitura del fenomeno del nomadismo la realtà si dispiega come un caleidoscopio di movimenti e metamorfosi. Questo panorama in continuo mutamento invita a un'esplorazione in cui le linee convenzionali tra spazio, tempo e cultura si intrecciano e si dissolvono, offrendo una prospettiva dinamica e sempre nuova sul modo in cui gli esseri umani pensano e interagiscono con l'ambiente. In tale contesto, ogni passo e ogni pensiero diventano parte di una danza più ampia, una coreografia che racconta la storia del divenire umano in relazione con l'infinita complessità del mondo.

Per provare a comprendere il nomadismo, è innanzitutto necessario esaminare la nozione stessa di gruppo.

Le caratteristiche più evidenti dei nomadi, ovvero la loro propensione a formare gruppi e a occupare spazio, sono in effetti i primi elementi da prendere in esame.

Nel volume *A New Philosophy of Society* (2006), Manuel De Landa mutua da Deleuze/Guattari il concetto di concatenamento e propone un oltrepassamento della relazione tutto/parti che troppo spesso connota le analisi ontologico-sociali dei gruppi. Viene rigettato il modello cosiddetto a matrioska e le componenti di un insieme non sono più concepite come uguali, maggiori o minori rispetto alla loro somma totale. In altri termini, per De Landa non si tratta di considerare i gruppi come generalità reificate, bensì come singolarità, all'interno delle quali, tramite processi e i ruoli variabili assunti dalle parti, si sviluppa una serie di connessioni. Non vi sarebbe, inoltre, una diretta correlazione tra estensione spaziale e durata temporale dei concatenamenti sociali. Il problema della durata temporale, spiega De Landa, è

> una questione fondamentale [...], dato che si può difficilmente utilizzare il termine «istituzione» per riferirsi a un fenomeno sociale che non dura più di una vita umana. La gente normalmente nasce in un mondo di istituzioni preesistenti (norme istituzionali e organizzazioni) e muore lasciando dietro di sé molte di queste stesse istituzioni. Ma al di là della mera longevità, vorremmo sapere se i processi che costantemente mantengono l'identità dei concatenamenti sociali producono una durata della vita peculiare e legata a diverse scale spaziali. In altre paro-

> le, una vasta estensione spaziale è connessa con una lunga durata temporale? La risposta è che tra le due non sussiste una correlazione semplice. (De Landa 2006, p. 43, tr. mia)

In questo passaggio, viene rifiutata l'idea che esista una proporzionalità diretta tra l'estensione spaziale e la durata temporale delle istituzioni. Tuttavia, si ammette, indirettamente, che la durata nel tempo è un fattore cruciale per l'esistenza stessa di un'istituzione. Un'organizzazione sociale non esiste fuori dal tempo, non si può parlare di «istituzione» se manca un periodo minimo di vita della medesima e, quindi, il fattore che decide di un gruppo sociale è la sua durata. Quest'ultimo è dunque un fenomeno che accade nel tempo, a prescindere dalla quantità di spazio che, durante un certo periodo, quel gruppo si trova a occupare.

Credo sia giunto il momento di ribaltare i termini della questione e analizzare l'importanza della categoria dello *spazio* nell'individuazione di un conglomerato sociale. In altri termini, se anche gli studiosi che hanno gradualmente messo in discussione e analizzato in modo critico il concetto di «gruppo sociale» hanno comunque mantenuto salda l'idea per la quale, nell'identificazione di un aggregato umano riconoscibile, il tempo è essenziale rispetto allo spazio, la domanda dalla quale si dipana il presente libro è piuttosto la seguente: in che modo le relazioni che instauriamo con lo spazio circostante influiscono sulla formazione dei gruppi sociali? Ovvero: quanto l'ambiente e le modalità con le quali a esso ci rapportiamo determinano il carattere del nostro stare al mondo?

Per corrispondere all'interrogazione vale la pena di prendere in considerazione il caso delle popolazioni nomadi. È opinione comune che la cosiddetta Rivoluzione neolitica abbia condotto gran parte dell'umanità ad abbracciare uno stile di vita agricolo e, per ciò stesso, sedentario. Ma come vivevano, e come vivono ancor oggi, le popolazioni che non hanno compiuto questo passo, preferendo la caccia, la raccolta e il costante spostamento nello spazio? Cosa ci insegna il loro stile di vita? Più in generale: esiste una correlazione diretta tra il rapporto che un gruppo umano instaura con l'ambiente e la sua caratterizzazione sociale? L'interrogazione fondamentale scaturisce perciò dalla necessità di comprendere se e come la geo-grafia, cioè i segni antropici che disseminiamo nell'ambiente influenzino la socialità, ovvero i modi di aggregazione comunitaria degli individui.

Il «magma nomadico»

Come accennato, centro di questo libro sono le popolazioni non sedentarie, il cosiddetto «magma nomadico» (Bianchi 2005, p. 40) che conta attualmente 10-12 milioni di individui i quali, nonostante il numero non del tutto irrilevante, non lasciano tracce abitative permanenti: il nomade non costruisce case, non vive in città (Turri 2003, pp. IX-X), ma passa e «scivola» sul terreno, che occupa solo temporaneamente.

All'interno di questa categoria, con sguardo consapevolmente non fedele alla filologia antropologica, facciamo rientrare sia i cacciatori-raccoglitori (Diamond 2006), ma anche i nomadi guineani e del Paraguay (Clastres 1977, 1980, 2013), quelli che popolano l'isola del Borneo (Sellato

1989), via via fino a includere i pastori afghani (Turri 1978, 2003). Benché in modi di volta in volta diversi e specifici, infatti, questa pur ampia classificazione evidenzia tra queste popolazioni la comune caratteristica della non sedentarietà.

I nomadi si spostano, e tuttavia i loro movimenti seguono una *ratio* precisa, grazie alla quale si armonizzano, entrando simbioticamente in comunione con l'ambiente che li accoglie. Prendendo per esempio in esame la mobilità dei pastori si possono elencare almeno quattro differenti tipologie di nomadismo, ciascuna delle quali indica la presenza di disegni topologici ben ponderati e nient'affatto arbitrari alla base dei sentieri raminghi dei non stanziali: (1) il loro nomadismo può essere innanzitutto orizzontale nel caso in cui non si dia un percorso o una destinazione fissi e predeterminati e gli spostamenti avvengano su un piano orizzontale, spesso all'interno di un territorio ampio e privo di barriere nette. (2) Esiste però anche un nomadismo «pendolare» che si verifica nel caso di oscillazioni tra pianure e rilievi, mentre (3) il nomadismo verticale è di corto raggio, poiché si registra laddove vi siano altipiani e montagne che li sovrastano. Quest'ultimo è generalmente associato a movimenti stagionali tra altitudini diverse, come nel caso di alcune comunità che si spostano verso l'alto in montagna durante l'estate e scendono nelle valli durante l'inverno. Infine, (4) il nomadismo di alpeggio prevede sequenze di salite e discese da pascoli intermedi (Turri 2003, pp. 85-86).

All'elenco proposto vanno aggiunte pure le bande, le *chefferie* (cioè le cosiddette «società senza Stato»), la cultura dei «villaggi dalle mura abitate» (ivi, pp. 220-221) e i khanati che sono sorti sulle sconfinate distese della steppa mongolica: pare infatti evidente che queste formazioni sociali, benché sedentarie, risentano direttamente dell'influsso del nomadismo di un tempo precedente, le cui tracce sono però ancora riscontrabili in alcuni peculiari elementi della loro vita comune. Anzi, si possono considerare queste formazioni come il prodotto compiuto, l'esito di un'evoluzione sociale che ha assimilato la non sedentarietà invece che eluderla e, di fatto, neutralizzarla attraverso la diffusione dell'assetto agricolo. Nel caso dei villaggi dalle mura abitate, ad esempio, si tratta di piccoli borghi fortificati che racchiudono popolazioni precedentemente nomadi: materialmente si realizza il passaggio a uno stile di vita sedentario, ma la struttura del gruppo nomadico è lasciata intatta finanche nella disposizione circolare o «ad alveare» delle cellule abitative di base. La sedentarietà, quindi, in questo caso non prende semplicemente il sopravvento rispetto allo stile di vita nomadico, bensì raggiunge con esso un punto di intersezione che origina un modo altrettanto peculiare di abitare uno spazio.

A ben vedere, non si tratta di un semplice transito dal nomadismo alla sedentarietà nemmeno nel caso dei khanati mongoli. In effetti, il fatto che l'impero dell'Orda d'oro si estendesse per migliaia di chilometri, dall'Oceano Pacifico al Mar Mediterraneo in latitudine, dalla Siberia all'Himalaya secondo la longitudine, e che esso fosse più vasto di quello di Alessandro Magno, di Roma al suo apogeo o di quello napoleonico (Bianchi 2005, p. 8) non è una prova che dimostri l'adeguamento del khanato alle forme tradizionali di sovranità statuale. Lungi dal rappresentare lo scandalo del nomadismo o una sua eccezione, il regime ibrido che si realizza in questo contesto è piuttosto la rappresentazione di un'alternativa, la conseguenza di una scelta differente compiuta *ab origine*.

Che sia scorretto sovrapporre e identificare il modello statuale tradizionale con quello di matrice nomadica è un dato storicamente attestato anche dall'atteggiamento che, nel XIII secolo, l'Europa ha assunto nei confronti dei Mongoli. Giovanni da Pian del Carpine, missionario che su comando di papa Innocenzo V nel 1245 lasciò Lione per un viaggio di due anni nel cuore dell'Asia centrale, racconta che appena qualche anno prima Federico II non riteneva i Mongoli una reale minaccia per l'Italia in particolare, né per il Sacro Romano Impero in generale e pertanto non aveva fatto pressoché nulla per contrastarli. L'impero di Gengis Khan era sì enorme – «il più grande che il mondo abbia mai conosciuto [in rapporto al quale] l'Europa era insignificante» (Giovanni da Pian del Carpine 1996, p. 19) – ma nessuno, nel Vecchio continente, conosceva la storia di quelle genti, né sembrava particolarmente interessato ad approfondirla.

Lo stimolo arrivò soltanto quando i Mongoli espressero la loro potenza e sbaragliarono la difesa di numerose città situate ai confini con il mondo sedentario. Solo allora gli europei si resero conto della forza, del potenziale politico e ancor più di quello militare di tale popolo ed eressero contro di esso le dovute difese.

I Mongoli, possiamo facilmente dedurlo, non erano percepiti come un pericolo dagli europei perché in un certo senso essi non erano percepiti *tout court*. Pur essendo vasto, infatti, il loro dominio non era identificabile secondo i criteri convenzionali di sovranità tipici dell'Europa. Il popolo delle steppe, in altri termini, cadeva fuori dallo schema amico/nemico perché non condivideva con gli europei la struttura socio-politica di fondo. Mancava il terreno per il confronto e, di conseguenza, quest'ultimo non venne istituito, almeno fino a quando il pericolo non si profilò alle porte: i Mongoli erano irriducibili alle categorizzazioni politiche consolidate e pertanto veniva a mancare la possibilità di determinare un riconoscimento, sia in termini negativi sia in termini positivi. L'abissale diversità e distanza tra le *chefferie* e i khanati da un lato e le formazioni sociali a estesa, istituzionalizzata e burocratizzata sovranità dall'altro costituisce dunque una prova del fatto che sussiste una differenza essenziale tra le due categorie: il punto di cesura tra queste socialità sostanzialmente incomunicanti va collocato nel rapporto che, diversamente, esse hanno stabilito con il nomadismo, adottato in un caso, rimosso nell'altro.

Un'incompatibilità strutturale

Secondo Deleuze/Guattari, gli storici considerano i nomadi come un'umanità povera che non ha capito nulla: dalla tecnologia (che non assimilano) all'agricoltura (alla quale non si adeguano) fino agli Stati e alle città (che distruggono), apparentemente non c'è settore nel quale i nomadi abbiano compiuto quel progresso che è invece tipico delle società sedentarie (Deleuze/Guattari 2006, p. 571).

L'idea che le società primitive siano incomplete è d'altronde un pregiudizio largamente condiviso, quantomeno dal senso comune e, in passato, anche dalla comunità scientifica. Almeno fino all'inizio del XX secolo si credeva che la socialità fosse linearmente progredita da una fase di infanzia nomadica verso una giovinezza pastorale giungendo, finalmente, a una maturità coincidente con lo stadio agricolo-sedentario. L'economista ottocentesco Friedrich List fu uno dei promotori di tale idea di progresso ascendente associato ai vari stadi di sviluppo dell'umanità, ma la sua posizione non era certo minoritaria se, nel corso del tempo, le società nomadiche sono state variabilmente definite come «primitive» (cioè arretrate, elementari, rudimentali) o «senza Stato» (quindi incomplete, politicamente disordinate) (Clastres 1977, p. 137).

D'altronde, come abbiamo affermato, va tenuto conto dell'inconciliabilità strutturale che rende impossibile un vero e proprio confronto tra le civiltà sedentarie e le culture di stampo nomadico: dalla mancanza di dialogo tra questi modi di abitare il mondo si è probabilmente generata anche la reciproca antipatia che caratterizza ciascuno dei due nei riguardi dell'altro. I nomadi guardano ai sedentari come a un'umanità debole e costituzionalmente esaurita, mentre i popoli stanziali hanno eretto mura difensive contro l'avanzamento militare dei nomadi, ma anche per segnare il limite della loro presenza al margine del territorio civilizzato. Come a dire che il fatto stesso che i nomadi occupassero lo spazio di confine era fonte di preoccupazione per i sedentari anche da un punto di vista puramente culturale: si doveva evitare in tutti i modi la diffusione di un modo di vita alternativo, anarchico rispetto all'ordine costituito.

Già nel 215 a.C., Qin Shi Huang (il primo imperatore della Cina, conosciuto per aver ordinato la fabbricazione del famoso esercito di terracotta) impose la costruzione di

La *taxis* urbana *versus* il «magma nomadico». Nouakchott, capitale della Mauritania; i nomadi sono insediati ai confini della città.

una barriera fortificata per difendersi dai nomadi, antecedente della molto più celebre Grande Muraglia che sarà poi costruita in epoca medievale. L'opera nasceva dalla volontà di frapporre una barriera architettonica che delimitasse e proteggesse il neonato impero cinese dalle influenze culturali estranee e randagie (Bianchi 2005, pp. 25-26). Nel momento in cui si definirono i contorni istituzionali dello Stato, fu immediatamente chiara anche l'esigenza di distinguere la nuova forma sociale da quell'altra, che avrebbe potuto metterne in crisi i presupposti, le fondamenta. Essa contribuì

> a fissare una geografia, a «compattarla» nel suo tessuto antropico, a identificare una territorialità entro la quale soltanto l'uomo operava con la certezza di farne uno spazio tutto posseduto e ritrasformato. La Grande Muraglia sta anche a dimostrare come la sedentarietà, in quanto conquista e umanizzazione dello spazio, per salvaguardare se stessa deve continuamente difendere i propri patrimoni territoriali e trovarli nettamente identificati, ciò che non accade con il nomadismo, per il quale la mobilità, la dispersione nello spazio, l'assenza di limiti costituiscono al contrario un fattore di sicurezza, perché lo spazio – in quanto pascolo, spazio produttivo – è elemento vitale indipendentemente dalla presenza o meno del segno umano. (Turri 2003, p. 215)

Lo Stato ha definito la propria identità sulla base del rigetto dell'altra forma di socialità che è stata confinata a uno spazio indefinito, fuori delle mura.

> Alla fine l'opera fu compiuta. La muraglia si estendeva per 4000 chilometri, la sua altezza raggiungeva i 10 metri e ogni 60-100 metri si elevavano le torri di vedetta. [...] Ma non era solo lo scopo della difesa che perseguiva il governo Ch'in innalzando la muraglia. Nella relazione del funzionario Ko Ying è riferito che le tribù di confine, oppresse dai funzionari cinesi, i servi, i criminali e le famiglie di emigranti politici non fanno che sognare la fuga oltre confine e dicono che «presso gli Unni è piacevole vivere». (Gumilev 2014, p. 50)

Non è un caso che tra i motivi del disfacimento dell'Impero romano uno non secondario sia stato l'avanzamento dei barbari, ovverosia delle popolazioni nomadi che, superata la soglia del *limes*, hanno progressivamente occupato i territori dell'impero. Gli storici sottolineano che i regni romano-barbarici, sorti dalle macerie della precedente forma sociale, si caratterizzarono, pur nella loro diversità, per un'intensa sperimentazione: con essi si affermarono infatti nuovi equilibri istituzionali e inedite forme di convivenza (Azzara 1999, p. 72). Ma quel che è certo è che questi modi innovativi escludevano essenzialmente la possibilità di un ripristino della precedente forma-Stato: allorquando la componente nomadico-barbarica ha fatto breccia nel cuore dell'impero, quest'ultimo è inesorabilmente crollato, si è cioè trasformato in qualcosa di sostanzialmente diverso da ciò che era potuto essere fino a quando i confini tra un *modus* sociale e l'altro erano rimasti riconoscibili. Con i cosiddetti barbari si sono dunque rovesciate le strutture amministrative (Gasparri/La Rocca 2012) del sistema romano: l'apparato politico-sociale si è dissolto e le strutture di governo si sono modificate e non sono più state le stesse, a causa dell'intersezione con questa forma di vita comune radicalmente altra, inconciliabile con la precedente.

Il venir meno del pregiudizio evoluzionistico

Voltare le spalle al pregiudizio evoluzionistico per cui da uno stato selvaggio di nomadismo l'umanità si sarebbe progressivamente sviluppata verso un regime di pastorizia prima e poi di agricoltura, via via fino al darsi di procedure sociali più complesse e avanzate quali l'artigianato e il commercio, destituire cioè il climax che dispiega assiologicamente i diversi modi dello stare al mondo dell'essere umano significa abbandonare anche una serie di opinioni collaterali e ugualmente fuorvianti. Jared Diamond (2005) si è occupato di fornire inattese prospettive, mostrando l'infondatezza di certi luoghi comuni che pure sono difficili da scalzare, almeno dalla sfera dei *bias* preconsci collettivi.

Specificamente, le ricerche che ha condotto sul campo gli hanno permesso di liberarsi di due macroscopici errori di valutazione a proposito delle popolazioni nomadi. Il primo concerne l'idea secondo la quale coloro che ancor oggi resistono alla rivoluzione neolitica (e che dunque rifiutano l'agricoltura) siano cognitivamente inferiori agli individui che invece sono divenuti stanziali e hanno dato vita a civiltà sedentarie. Al contrario, l'osservazione antropologica conduce Diamond a ribaltare il giudizio e ad affermare che coloro che vivono «all'età della pietra» (ivi, p. 14) sono più intelligenti e mostrano più spiccate capacità di reazione agli stimoli dell'ambiente circostante rispetto alla vita confortevole che conduce l'essere umano inserito in una società che si autodefinisce avanzata.

L'evoluzione verso una società burocratica e stratificata ha consentito agli individui di delegare le proprie capacità decisionali all'ente istituzionale, il quale prende in carico le necessità collettive, liberando i cittadini dalla responsabilità di gestirle personalmente. Questo processo, che presenta vantaggi evidenti, nasconde però non poche criticità se, come Diamond propone, consideriamo il fenomeno dal punto di vista dell'intelligenza ambientale, la quale, di fatto, viene meno nel caso delle società statualizzate e sedentarie. Vivere al di fuori della protezione che lo Stato assicura significa senza dubbio essere esposti a un insieme di pericoli, ma ciò permette a ciascuno di mantenere la propria capacità personale di interagire e rispondere agli stimoli che il mondo offre. Facendo eco a una celebre formula freudiana, potremmo dire che l'umanità sedentaria pare aver barattato la propria prontezza cognitiva per un po' di sicurezza. L'agilità mentale degli indigeni osservati da Diamond è constatata anche dal fatto che «popoli appena usciti dall'Età della pietra come i guineani non hanno alcun problema a imparare le moderne tecnologie, se si dà loro la possibilità di farlo» (ivi, p. 8). Il ribaltamento del luogo comune è confermato anche da Fuad Baali:

> Alcuni nomadi sono originariamente più intelligenti di molti dei cittadini; ma l'urbanizzazione e i suoi fattori concomitanti, come ad esempio l'artigianato e le raffinate abitudini e consuetudini tecniche associate alla condizione urbana, fanno apparire gli abitanti delle città più sofisticati dei non sedentari. (Baali 1988, p. 36, trad. mia)

Il secondo giudizio – errato – che tendiamo a dare per scontato riguardo alle popolazioni nomadi, nel senso più generale del termine, è che il loro stile di vita comporti un maggiore consumo di energie e un carico di lavoro più estenuante. L'agricoltura, al contrario, concederebbe più tempo libero a chi vi si dedica e permetterebbe di conseguenza lo sviluppo di attività eccedenti l'orizzonte della mera sussistenza. In realtà, l'equazione per la quale il contadino farebbe meno fatica del cacciatore-raccoglitore è un assunto che non trova riscontro nella realtà dei fatti (Diamond 2006, p. 77). Infatti, laddove il nomade utilizza l'energia fornita dal sole e trasformata dagli animali, l'agricoltore è impegnato in un'operazione di modificazione ambientale molto più onerosa in termini energetici e, dunque, di lavoro. In questo secondo caso, infatti, non si tratta più di servirsi dell'ambiente ma, piuttosto, di attuare una profonda alterazione di esso: innescare e mantenere tale processo di trasformazione sono azioni che richiedono altrettanto impegno e dispendio di risorse (Turri 2003, p. 141).

I nomadi, al contrario, lavorano poco, ovvero al fine di corrispondere a quello che Clastres definisce l'«ideale autarchico»: «si produce il minimo necessario per soddisfare tutte le necessità, ma ci si organizza per produrre la totalità di questo minimo» (Clastres 2013, p. 99). L'autonomia è un punto fermo delle popolazioni non sedentarie: non potendo fare affidamento sull'ominizzazione del territorio promosso dalle genti agricole, esse sono spinte a trarre dall'ambiente l'essenziale, il minimo da cui far dipendere la loro possibilità di abitare quel mondo. Il bisogno della sussistenza non le conduce però allo sviluppo di un *surplus*: la logica dell'accumulo e della provvista, anzi, ostacolerebbe i loro spostamenti, finendo per intralciare l'intero andamento del gruppo con un equipaggiamento inutilmente gravoso. Il punto di equilibrio è dunque raggiunto nel momento in cui si è in grado di provvedere ai bisogni sostanziali, senza tuttavia eccedere rispetto ai medesimi. Il nomade deve prima di tutto identificare con precisione ciò di cui ha bisogno, in modo che il necessario non superi mai la pura essenzialità. Quando si genera risparmio, infatti, l'accumulo eccessivo può portare a inefficienze o squilibri, cioè diventare controproducente, destabilizzando il modello economico e sociale che si regge sulla moderazione e sul soddisfacimento dei soli bisogni fondamentali.

Cause ambientali, effetti culturali

Se ci accordiamo con l'argomento antievoluzionistico che smantella l'idea di un mirabile avanzamento dell'umanità da stadi primitivi ad altri più progrediti, se quindi ammettiamo che le popolazioni nomadi hanno una specificità ontologico-sociale e che il loro *modus vivendi* non va inteso come l'accidentale sopravvivenza dei tratti dell'infanzia primordiale del genere umano, resta da spiegare perché la maggioranza della popolazione attuale viva in contesti sociali che variabilmente si sono articolati a partire da un regime agricolo di fondo.

Perché, in altre parole, si è imposta l'agricoltura sulla caccia e la raccolta? E la sedentarietà sul nomadismo?

La domanda, in questi termini, è mal posta. Ancora una volta, si commette l'errore di assumere un atteggiamento pregiudizialmente (inconsciamente) negativo nei riguardi delle popolazioni non stanziali. Più che chiedersi il motivo di una socialità minoritaria rispetto a un'altra maggioritaria, bisognerebbe comprendere le cause che hanno condotto a una tale situazione, ovvero al darsi di quella stessa proporzione. In altre parole, invece che adottare un paradigma quantitativo, che pone la maggioranza come termine di paragone assoluto e che, di conseguenza, chiede ragione dell'esistenza della minoranza, sarebbe opportuno risalire ai motivi che hanno prodotto la divaricazione tra i due gruppi. Non è un problema di imposizione dell'agricoltura sul nomadismo; la questione si gioca, piuttosto, sulla differenza radicale che attraversa e separa queste due concezioni del mondo e che ha determinato, in un caso, una supremazia anche di ordine numerico.

L'agricoltura, quindi, non ha giocato da subito un ruolo preponderante rispetto all'opzione della non-sedentarietà, ma le caratteristiche con cui essa è venuta determinandosi hanno gettato le basi per la sua preponderanza. La scelta non è avvenuta a monte, cioè non è stata espressione della preferenza di una maggioranza che avrebbe riconosciuto il valore intrinseco di un'alternativa rispetto all'altra, e tuttavia il fatto che alcuni abbiano trasformato il nomadismo in sedentarietà ha avviato un processo grazie al quale si è potuta profilare un'egemonia.

La questione, riformulata, è dunque la seguente: a quali condizioni si rende preferibile optare per la sedentarietà oppure per il nomadismo? E cosa consegue da questa scelta? Se affrontiamo l'analisi da un tale punto prospettico dobbiamo innanzitutto considerare un insieme di fattori geografici che determinano necessità e soluzioni di volta in volta particolari. Di nuovo, Diamond ci viene in aiuto: in *Armi, acciaio e malattie*, infatti, prende in esame la differenza che sussiste, a livello planetario, tra l'asse est-ovest e quello nord-sud.

La peculiare conformazione del nostro pianeta è tale per cui vi sono alcune aree – quelle dove, non a caso, si è più rapidamente diffusa l'agricoltura – nelle quali le terre emerse si sarebbero sviluppate lungo la direttrice orizzontale – e altre dalla morfologia più orientata alla verticalità. La prima circostanza descrive la situazione del continente eurasiatico, che è anche l'area nella quale sono state perfezionate importanti tecnologie e il luogo da cui sono partite le spedizioni per la scoperta/conquista delle restanti parti della terra. Stando a queste rapide osservazioni, sembrerebbe quindi che l'agricoltura, là dove attecchisce, favorisca un'evoluzione di organismi sociali e politici altrimenti destinati a rimanere bloccati a stadi meno avanzati. Per Diamond, invece, si tratta di una questione geografica e non sociale.

L'asse est-ovest infatti, a differenza del suo opposto complementare nord-sud, facilita la diffusione delle specie sia animali che vegetali, le quali, alla medesima latitudine e godendo quindi di simili condizioni climatiche, si sono propagate più agevolmente. Per un effetto domino, l'abbondanza delle specie avrebbe favorito in prima istanza la domesticazione delle stesse, ma anche il passaggio, successivo, a una vita sedentaria, nonché, in ordine di apparizione, la generazione di un *surplus* alimentare, la stratificazione sociale per classi e l'avanzamento anche in ambito tecnologico, che ha permesso, infine, la scoperta e la conquista di nuovi territori (Diamond 2006, p. 63).

A questa vertiginosa catena di cause ed effetti si può in realtà associare un ben concreto riscontro. Prendiamo ad esempio il passaggio dalla disponibilità di una scorta di provviste alla generazione di una gerarchia sociale: perché e in che modo i due fenomeni sarebbero connessi?

Si considerino due fattori, cioè il tasso di natalità e il sorgere di apparati burocratici. Riguardo al primo elemento, è noto che le popolazioni nomadi si riproducono meno velocemente rispetto a quelle sedentarie. Il fattore che sta alla base di tale situazione è elementare, ma non facilmente aggirabile: un nucleo familiare nomadico non può concedersi il lusso di allevare più di un certo – limitato – numero di figli contemporaneamente: tra una nascita e un'altra deve frapporre almeno tre o quattro anni. Al contrario,

> la vita sedentaria fa aumentare la densità abitativa perché permette, tra le altre cose, di diminuire l'intervallo tra la nascita di due figli. Una donna nomade non può permettersi di portare con sé nei suoi spostamenti più di un bambino oltre alle sue poche cose; non può dare alla luce un altro figlio fintanto che il precedente non è in grado di camminare al passo degli altri membri della tribù. (Diamond 2006, pp. 64-65)

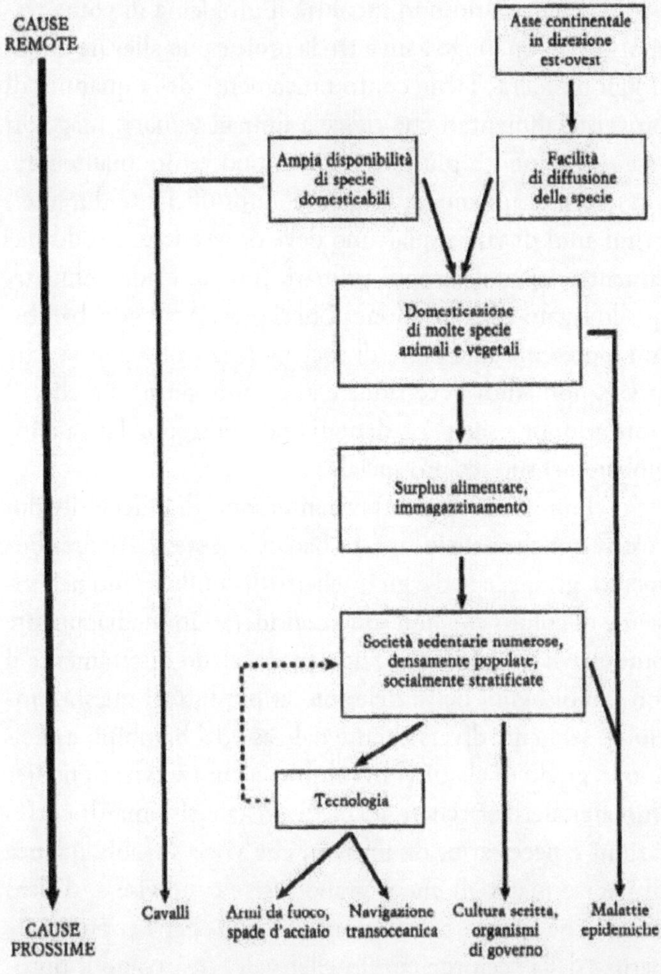

Riepilogo schematico della serie di fattori che portarono dalle cause remote (come l'orientamento degli assi continentali) alle cause prossime (cavalli, fucili, malattie ecc.). (Diamond 2006, p. 63)

Il sedentario non incontra il problema di come trasportare da un luogo a un altro la prole e può allevare quanti figli desidera. Tiene conto unicamente della quantità di provviste alimentari che riesce a immagazzinare: maggiori esse sono, infatti, più popolazione può venire mantenuta. Un cucciolo umano, si sa, non è autosufficiente durante i primi anni di vita e qualcuno deve provvedere al soddisfacimento dei suoi bisogni primari, tra cui, evidentemente, quello legato alla nutrizione. Chi si prende cura dei bambini rappresenta una parte di società di fatto inoperosa, che la vita nomadica deve ridurre ai minimi termini e che, al contrario, una società sedentaria non fa troppa fatica a inglobare nel suo tessuto sociale.

I nuovi arrivati, tuttavia, non sono gli unici individui costituzionalmente incapaci a badare a se stessi. Anche i burocrati, gli specialisti e gli intellettuali confluiscono nell'insieme di coloro che non sono considerati immediatamente produttivi: questi, infatti, non procacciano direttamente il loro fabbisogno, bensì delegano ai produttori questa funzione, sebbene, diversamente dal caso dei bambini, essi siano in grado di elargire, in cambio, alcuni servizi di natura immateriale. Per tenere in piedi un tale sistema di correlazioni è necessario, da un lato, che vi sia un'abbondanza di risorse materiali che possano essere condivise e, d'altro canto, che queste correlazioni abbiano, per l'appunto, la natura della reciprocità: l'intellettuale, così come il burocrate, sono mantenuti materialmente dalla società innanzitutto perché ci si può permettere di sovvenzionarli, perché cioè quella società dispone di una certa quantità di risorse materiali e di spazi nei quali stoccarle, ma anche perché ritiene di potersi avvantaggiare delle prestazioni intangibili, spirituali, culturali ma non per questo inconsistenti che la classe intellettuale può offrire al resto del gruppo sociale.

Torniamo per un momento sui nostri passi per approfondire ulteriormente il fenomeno in esame: una certa conformazione geografica, legata a sua volta a una peculiare disposizione spaziale, permette il darsi di un eccesso delle risorse materiali. Questa abbondanza, a sua volta, agisce come catalizzatore per l'accumulo, spingendo verso uno stile di vita sedentario. In ambito sociale, si assiste così all'emersione di classi di individui inoperosi. Infine, si manifesta una stratificazione sociale, la quale si distingue per la marcata differenziazione dei ruoli e per l'ineguaglianza nelle funzioni svolte dai vari membri del gruppo.

Si possono, per converso, riconoscere alcune peculiarità del modo di vita non sedentario a partire da una analoga considerazione dei fattori geografici che connotano l'areale di distribuzione del nomadismo? Sì, se teniamo presente che la non stanzialità si è affermata in zone geograficamente impermeabili alle invasioni esterne e nelle quali la scarsità di risorse naturali, unita alla difficoltà di reperimento di specie – vegetali e animali – coltivabili oppure domesticabili, ha reso preferibile il continuo spostamento nello spazio all'immobilità. Anche in questo caso, il processo cui si è dato avvio è stato di tipo autocatalitico, per cui una retroazione positiva ha fatto sì che la reazione, una volta innescata, sia proceduta sempre più velocemente (Diamond 2006, p. 83). In questo modo, gli effetti più immediati e più immediatamente verificabili sono stati, rispettivamente, un tasso demografico contenuto (presso le popolazioni nomadi non si verificano aumenti esponenziali della popolazione) e un'organizzazione sociale fortemente egualitaria.

Il fenomeno del nomadismo si associa quindi, necessariamente, all'immagine di una minoranza: il nomade non può, a costo della sua stessa sopravvivenza in quanto nomade, far parte di una maggioranza. I grandi numeri appartengono alla sedentarietà e generano l'apparato statale, mentre le piccole quantità danno vita a un movimento continuo, a un flusso incessante.

Assenze

Il nomadismo non è quindi la specifica caratteristica di una forma di primitivismo sociale, bensì la conseguenza di una scelta operata in base a una serie di condizioni innanzitutto geografiche. Minimizzare o meglio neutralizzare l'idea di una assiologia, ovvero della presenza di una scala di valori socio-istituzionali universalmente condivisa tramite la quale sia possibile giudicare le diverse forme del vivere comune non significa però abolire le enormi differenze che sussistono, innegabilmente, tra questi due mondi. A fianco dell'impegno per l'abbattimento dei pregiudizi negativi che più o meno implicitamente gravano attorno al fenomeno del nomadismo, è quindi altrettanto doveroso procedere a considerare l'insieme delle peculiarità di tale *modus vivendi*, ovvero delle sue molteplici implicazioni.

Passiamo quindi in rassegna alcuni tratti espliciti della non sedentarietà, dividendo gli stessi in due tavole principali, cioè quella delle assenze e quella delle preferenze. Con «assenze» ci riferiamo alle caratteristiche che sono naturalmente mancanti nella società nomadica a causa di fattori geo-sociali, non derivanti quindi da una scelta politica consapevole o da un esplicito rifiuto da parte del gruppo: si tratta di elementi semplicemente non presenti in questo stile di vita. Le «preferenze», invece, indicano le scelte consapevoli e le inclinazioni specifiche dei nomadi, che definiscono e arricchiscono la loro società.

Le *assenze* rappresentano quindi l'insieme delle caratteristiche che non si palesano nel caso di una società vagabonda come quella nomadica. Parliamo di irreperibilità di certi costumi e non di rifiuto degli stessi perché non vi è, in effetti, nessun moto di opposizione nei confronti di tali fenomeni sociali che, piuttosto, semplicemente non si manifestano nell'universo nomade. I fattori geo-sociali a cui abbiamo accennato precedentemente, infatti, limitano, e in alcuni casi rendono impossibile, il sopraggiungere di determinate strutture, le quali risultano pertanto semplicemente non pervenute.

La struttura nomadica difetta anzitutto di un'economia di mercato – con la quale vengono meno anche l'elevazione del tasso demografico e la possibilità dello status di inoperosità. I nomadi mancano costitutivamente, cioè sono pochi, e anche i movimenti che descrivono nello spazio indicano che la loro tendenza è alla dispersione piuttosto che alla concentrazione. Essi, inoltre, sono tutti variabilmente operosi: la loro società non è fondata sul lavoro come principio di elevazione ed emancipazione sociale (visto che vi dedicano in media due o tre ore al giorno), bensì su una sua generale distribuzione presso tutti i membri del gruppo – distribuzione che, sia detto per inciso, è concepita solo su base anagrafica (Turri 2003, p. 103). Quanto all'economia, essa è certamente presente, ma mai prevalente rispetto all'assetto sociale che la determina.

> Nelle società primitive l'economia non è una «macchina» che funziona autonomamente: è impossibile separarla dalla vita sociale, religiosa, rituale. Non solamente l'ambito economico non determina lo stato della società primitiva, ma è piuttosto la società che determina l'ambito e i limiti dell'economia. Non solamente le forze produttive non tendono a svilupparsi, ma la volontà di sottoproduzione è intrinseca al MPD [Modo di Produzione Domestico]. La società primitiva non è un giocattolo passivo nelle mani del cieco meccanismo che sovrintende alle forze produttive; al contrario, è la società che esercita costantemente un controllo rigoroso e deliberato sulla propria capacità produttiva. (Clastres 2013, p. 111)

La società predispone l'azione dell'economia, la governa e la dirige senza permettere che il mercato produttivo prenda il sopravvento sulle priorità, che rimangono di natura sociale. Si delinea, in questo modo, una società nella quale i bisogni vengono soddisfatti, ma non subordinati alla produzione – essi non risultano cioè legati all'offerta di mercato. L'individuazione e l'adempimento del bisogno non vengono determinati da influenze esterne non correlate direttamente al bisogno stesso, e la struttura, marxianamente intesa, resta quella pre-capitalistica di tipo M-D-M (Merce-Denaro-Merce), che rappresenta una forma immediatamente consumistica di circolazione delle merci, e che altrettanto elude l'accumulo sia di capitali che di prodotti.

Non dobbiamo tuttavia immaginare le società nomadiche come collettività della penuria. Al contrario, esse si configurano come le «prime società dell'abbondanza» e le «prime società del tempo libero», secondo il felice binomio coniato da Sahlins (1972, pp. 1-39). Si tratta, infatti, di società floride e laboriose, i membri delle quali sono tutti impiegati nel doppio processo, incessante, di produzione e consumazione. Il dinamismo di questo processo economico non sfocia in una gerarchizzazione del sistema, una situazione che, altrimenti, porterebbe a squilibri nella distribuzione della ricchezza. Per definire una società veramente prospera, è essenziale che il benessere prodotto sia distribuito equamente tra tutti i suoi membri, piuttosto che concentrato in classi, differenziate in base ai beni e servizi che producono.

In questo modo, la vita nomade rivela un aspetto cruciale del capitalismo: un sistema sociale non può essere uniformemente florido se permette l'accumulazione di capitali, ovvero di mezzi e ricchezze. La riserva di beni, infatti, stratifica le relazioni sociali (tra chi detiene le risorse e chi ne è privo), ostacola la diffusione universale del benessere e, di conseguenza, genera inevitabilmente un abisso tra povertà e ricchezza.

Senza tempo e senza scrittura

I nomadi sono popoli senza tempo e senza scrittura, il che li rende anche privi di storia e di memoria. Ignorano i meccanismi di scansione del tempo poiché, nell'economia delle loro esistenze, non ha alcun senso dotarsi di uno strumento di misurazione astratta della giornata; quest'ultima viene organizzata invece sulla base delle molteplici attività in cui ciascun membro della tribù o della banda è impegnato. Eugenio Turri (2003, p. 148) racconta il desiderio di alcuni nomadi che ha incontrato nelle sue peregrinazioni di ottenere in dono l'orologio che portava con sé durante le esplorazioni; eppure, chiarisce il geografo, non è il valore d'uso dell'oggetto che li attrae, ma piuttosto l'idea di impossessarsi, tramite l'offerta del cronografo, del simbolo più caratterizzante di una società così distante dalla propria – una sorta di *souvenir*.

Il loro stare al mondo, infatti, dipende dallo spazio, dalla geografia e non dalla durata: il nomadismo non è un fenomeno che si caratterizza per il perdurare nel tempo e la sua estensione è soltanto di tipo *territoriale*. È noto che l'impero di Gengis Khan andò in frantumi poco dopo la morte del grande condottiero mongolo, e quella dell'impermanenza è una peculiarità che si riscontra anche nelle popolazioni nomadi dei primi secoli dopo Cristo: le costruzioni politiche nomadiche

> avevano un andamento molto particolare, poiché riuscivano talora a raggiungere un'ampiezza assolutamente straordinaria, ma risultavano incapaci di durare nel tempo (in genere, esse finivano dopo pochi anni o resistevano al massimo per due o tre generazioni). (Azzara 1999, p. 43)

L'assenza del tempo dalla conformazione sociale nomadica è strettamente connessa alla mancanza di scrittura, strumento principe della trasmissione e della persistenza attraverso le varie epoche. I nomadi, lo abbiamo già visto, non si possono permettere il sostentamento di una classe non impegnata nell'approvvigionamento della sussistenza individuale e collettiva, pertanto devono rinunciare agli scribi e alla storia che essi potrebbero tramandare attraverso i documenti. Non lasciano tracce, né per gli altri né per se stessi: scorrono con i carri lungo il paesaggio allo stesso modo in cui transitano le loro vite, prive di un ancoraggio alla memoria di ciò che è stato. Il presente è l'unica forma temporale che conoscono, il futuro essendo indefinito (le traiettorie delle peregrinazioni sono indecidibili perché non procedono in base a una meta e perché non sono mai uguali a quelle già percorse) e il passato cadendo presto nell'oblio. Anche Bernard Sellato ritrova questa caratteristica presso i nomadi del Borneo, i quali, sostiene l'antropologo, non hanno memoria storica: ricordano di volta in volta più o meno solo uno o due secoli. (Sellato 1989, p. 163)

Presso le società nomadi, infine, non attecchisce alcun apparato ideologico-religioso: manca la patria e con essa il sentimento del patriottismo, ma è anche un più generale senso di appartenenza a un complesso ideativo che viene a crollare: la loro religione è elementare, e con ciò non si intende suggerire che le loro credenze siano semplici oppure poco articolate ritualmente, ma, invece, che non sono riconducibili a una corrente precisa, univoca e storicamente accreditata. Giovanni da Pian del Carpine descrive, nel tardo Medioevo, la difficoltà di far attecchire i costumi cristiani, mentre in epoca contemporanea è ancora Eugenio Turri che testimonia di un islamismo del tutto cosmetico presso i pastori afghani, i quali molto difficilmente si piegano e si adattano alla disciplina e ai protocolli impliciti a qualsiasi forma di ritualità. I loro costumi sono più elastici, variabili e metamorfici – tanto quanto lo è il loro rapporto con l'ambiente (Turri 1978, p. 103).

Il paradigma anti-sedentario, dunque, si caratterizza come un *flusso* non solo nel senso più ovvio dello scorrimento che gli spostamenti dei nomadi delineano sul territorio: l'abbandono della fissità stanziale coinvolge, molto più estesamente, quasi ogni aspetto del vivere comune nomade, generando dinamiche di costante rinnovamento e continua variazione dell'assetto sociale. Tutto si mette così in una condizione di perenne mutamento, e nulla è prefissato o stabilito una volta per tutte.

In questo modo, dunque, l'esistenza del nomade è molto più schiacciata sul presente, ma anche più proattiva rispetto a quella del sedentario, perché giorno dopo giorno si trova nella condizione di inventare inedite forme di senso e sempre nuove interpretazioni di narrative sociali e culturali troppo debolmente tramandate dalle generazioni precedenti. La spinta all'innovazione, evidentemente, è altrettanto viva anche presso le popolazioni stanziali; in questo caso, però, essa non configura delle variazioni bensì un progresso. In altri termini, mentre l'essere umano nomadico presenta uno spettro di varianti in continua evoluzione, ma equivalenti su un piano assiologico ideale, la tendenza dell'individuo stanziale è quella di migliorare, di avanzare ed evolversi, spinto dall'intima convinzione che così come c'è stato un punto di partenza, testimoniato dalla storia del passato, vi sarà anche un punto di arrivo, un traguardo, una meta da raggiungere e che solo a causa della contingenza dell'attualità esso risulta imperscrutabile.

Il sedentario è, potremmo dire, un viandante proteso a raggiungere un luogo altro, distante e agognato perché giudicato come migliore di quello di partenza. Il nomade, invece, paradossalmente, è piuttosto colui che segna il passo, sta sul posto, declina la propria vita in molteplici sensi, ma non profila con ciò una traiettoria che vada da un punto, originario, a un altro, successivo, in una progressione infinita. I nomadi conducono migrazioni circolari, entro uno spazio endo-dromico (cfr. Barral 1977): il limite dell'estensione territoriale è preciso, l'al di fuori è visto come un *no man's land*, terra di nessuno evitata dai membri della società (Sellato 1989, p. 175), ma all'interno di questo paesaggio non si stabiliscono divisioni confinarie di sorta, in modo che non si proceda mai linearmente, ma sempre con moto circolare, labirintico, spiraliforme. Con i nomadi, in altre parole, si ha a che fare con movimenti, ma non con velocità.

Preferenze

Accanto alla tavola delle assenze, è opportuno provare ad abbozzare anche quella delle preferenze. Con questo termine intendiamo quei tratti tipici della vita nomadica, che rappresentano quindi, al di là delle specificità dei singoli gruppi, un indice evidente delle società vagabonde. A differenza delle mancanze, in questo caso si tratta dunque di passare rapidamente in rassegna alcuni connotati rispetto ai quali i nomadi avrebbero espresso specifiche inclinazioni, e che, nell'insieme, contribuiscono a comprendere sempre più il loro peculiare modo di vita.

In prima istanza, anche da quanto poco sopra richiamato, si può dedurre facilmente che la società nomadica pratica la parità tra i sessi, ovvero non rende predominante un genere rispetto all'altro. L'egualitarismo si origina dalla distribuzione del lavoro, che avviene, come già notato, su base sostanzialmente anagrafica e non sessuale. Lo storico Al-Omari osserva in relazione ai khanati mongoli:

> Mai avevamo visto al tempo nostro la donna aver tanto potere quanto quella ne aveva, e neppure mai udimmo d'alcunché di simile in epoche a noi vicine. (Grekov 2013, p. 93)

Gli ordini erano emanati tanto dai *khan* quanto dalle *khatun* e quest'uguaglianza di diritti è messa in luce anche dalle fonti del XIII secolo, nonché dalla testimonianza di Giovanni da Pian del Carpine, che sottolinea perfino l'uguaglianza tra i diritti acquisiti dal figlio di una concubina e quelli dell'erede legittimo (Giovanni da Pian del Carpine 1996, pp. 53-54). Degli Unni ci informa Lev Nikolaevič Gumilev, che insiste sulla differenza tra questo popolo nomade e la Cina, l'India e l'Iran, dove le donne non erano parte attiva nella vita politica (Gumilev 2014, p. 88). Sellato, invece, delle odierne popolazioni nomadi del Borneo ci dice che le loro lingue utilizzano un termine unico, e neutro, per indicare il nome del congiunto, senza che si possa distinguere, quindi, l'uomo dalla donna. Più in generale, la designazione del sesso assume una valenza, anche linguistica, solo dal momento in cui si diventa genitori, quando cioè si rende necessaria la distinzione tra la madre e il padre (Sellato 1989, p. 193).

Le donne nomadi ricevono la medesima educazione che viene impartita ai maschi e, da adulte, deliberano su qualsiasi argomento, perché nessun ambito è loro precluso e prendono parte a ogni attività del gruppo. Le donne cavalcano, montano le tende, conducono i carri e, viceversa, gli uomini fabbricano archi, ma non sono esonerati dalla tessitura delle tele, né dalla mungitura degli animali o dalla preparazione del burro (Guglielmo di Rubruck 2011, p. 41). Ogni individuo è polivalente, tutti sono variabilmente chiamati a svolgere ogni funzione e pertanto l'unico imperativo valido è quello dell'uguaglianza assoluta, che afferma: «Tu non vali più degli altri, tu non vali meno di altri» (Marchionatti 2013, p. 12). In queste società non è concepita l'idea che si deleghino i compiti o le responsabilità, quindi non si riconoscono figure di rappresentanza. Inoltre, non viene incoraggiata la diffusione di specializzazioni che possano limitare il campo delle competenze individuali: nei gruppi nomadi, ogni persona agisce sia per sé che per gli altri, senza che si formino posizioni esclusive, privilegi o *élite* di sorta.

Secondo gli antropologi, la preferenza verso l'egualitarismo si affievolisce in misura direttamente proporzionale all'approssimarsi del campo nomade agli stanziamenti sedentari (Turri 2003, p. 115). Nella sua piena espressione, tuttavia, tale inclinazione è naturalmente connessa al rifiuto da parte dei nomadi di attivare un dispositivo di potere nei confronti del proprio capo, o meglio dell'indisponibilità a considerare come sovrana la sua autorità. Presso i nomadi, colui che viene posto al vertice non gode in realtà di uno *status* differente da quello degli altri membri del gruppo e viene selezionato per questo ruolo esclusivamente sulla base delle sue capacità di *leadership*. Salvo circostanze eccezionali, la carica non è ereditaria, quindi non viene trasmessa automaticamente, bensì rinnovata ogni volta che decade il capo in carica.

La cessazione dell'incarico combacia con la morte di chi lo svolge, ma la posizione può venire revocata anche prima da parte del gruppo, qualora esso non si riconoscesse più nella sua guida. Ripercorrendo l'analisi di Clastres (1977, p. 150) diremo che il capo non dispone d'altro che del *prestigio* che, scegliendo proprio lui e non qualcun altro, la popolazione gli attribuisce. Tale credito non si traduce in un potere di carattere legislativo, né il suo valore diventa perciò assoluto, supremo, incondizionato – ma nemmeno autonomo. Al contrario, egli è *al servizio* della società ed è anzi quest'ultima a esercitare un potere sul proprio *leader*. Il potere, nell'universo nomade, è immanente alla formazione sociale e viene rifiutata ogni sua trascendenza, che rappresenterebbe un elemento di disturbo fatale per l'equilibrio dell'intera società. Il capo è dunque l'interfaccia pubblica del gruppo, colui che lo rispecchia senza però rappresentarlo, senza cioè che si costituisca un divario tra esso e la molteplicità di individui che convergono simbolicamente nella sua persona. Clastres ha messo in evidenza – e aggiustato – il cortocircuito che tale sistema porta con sé:

> Da un punto di vista funzionale questo sembra assurdo: come si possono pensare disgiunti *chefferie* e potere? A cosa servono i capi, se essi sono privi dell'attributo che li renderebbe appunto tali, ovvero la possibilità di esercitare il potere sulla comunità?

> In realtà, se il capo selvaggio non detiene il potere di comandare, questo non vuol dire che non serva a niente: anzi, la società gli affida un certo numero di mansioni e in questo senso si potrebbe vedere in lui una specie di funzionario (non retribuito) della società. Che cosa fa un capo senza potere? Sostanzialmente ha il compito di farsi carico, di assumere su di sé, la volontà della società di apparire come una totalità, ovvero lo sforzo concertato, deliberato, della comunità di affermare la propria specificità, la propria autonomia e la propria indipendenza rispetto alle altre. (Clastres 2013, p. 27)

La *chefferie* è dunque il luogo solo ipotetico del potere, che non si concentra mai completamente nel corpo di uno solo, ma che, al contrario, si diffonde tra tutti i membri della società. L'effetto di questo rifiuto della trascendenza del potere implica un'equivalente insofferenza verso l'obbedienza. Diversi storici e antropologi hanno messo in evidenza la naturale propensione dei nomadi alla ribellione al potere costituito, e ciò è naturale, se si considera l'uguale avversione che essi mostrano verso la sottomissione.

Da sempre, i sedentari hanno visto i nomadi come popolazioni ribelli e incontrollabili, caratterizzate da un comportamento turbolento e indocile. Tuttavia, la vera resistenza dei nomadi non è diretta contro una specifica forma-Stato, ma piuttosto contro l'idea stessa di uno Stato come entità di potere separata e soffocante, che si pone al di sopra delle persone che intende tutelare. Questa è una distinzione fondamentale, un conflitto tra due visioni del mondo completamente inconciliabili. Da una parte troviamo i simboli dell'autorità e del potere, dall'altra i segni dell'ordine e del comando. Mentre dal lato della vita sedentaria fa la sua comparsa la figura del rappresentante politico, sull'altro versante emerge la realtà dell'adesione collettiva. Infine, se da una parte prevale l'importanza della politica e delle sue strutture, all'opposto si percepisce la presenza pervasiva e totale della comunità e della cultura che essa produce.

Macchine da guerriglia

È inevitabile che l'incompatibilità tra nomadi e sedentari sfoci nello scontro diretto – che in effetti si è storicamente e ripetutamente verificato. Anche su questo frangente, tuttavia, le differenze non hanno tardato a emergere. I nomadi preferiscono la guerriglia alla guerra, le imboscate alla tattica militare; essi, inoltre, sono capaci di crudeltà, ma raramente appaiono conflittuali. Soffermiamoci per un momento sui termini impiegati. Nel capitolo di *Mille piani* che va sotto il titolo di *Trattato di nomadologia*, si parla di «macchina da guerra» per indicare ciò che noi abbiamo nominato nei termini di guerriglia:

> La macchina da guerra in se stessa, per quanto la riguarda, appare del tutto irriducibile all'apparato di Stato, esteriore alla sua sovranità, anteriore al suo diritto: viene da altrove. [...] Si presenta piuttosto come la molteplicità pura e senza misura, la muta irruzione dell'effimero e potenza della metamorfosi. Scioglie il legame così come tradisce il patto. Fa valere il furor contro la misura, la celerità contro la gravità, il segreto contro il pubblico, la potenza contro la sovranità, la macchina contro l'apparato. (Deleuze/Guattari 2006, p. 518)

La macchina da guerra (o più propriamente da guerriglia, nel caso dei nomadi) non basa la sua azione su uno schema strategico, ma irrompe sulla scena militare infrangendo ogni legge. La sua forza risiede nella totale imprevedibilità: è promotrice di un'azione scomposta, che non segue alcun cerimoniale né si attiene a un codice di battaglia condiviso. La macchina da guerra spariglia i giochi, costituisce il fortuito imprevisto sul campo di battaglia e, come un improvviso fortunale, può decidere l'esito dello scontro in modo affatto sorprendente: i nomadi utilizzano l'effetto sorpresa che sconcerta il nemico (Grousset 1965, p. 287) e lo rende inerme.

Le testimonianze a riguardo sono moltissime: Ibn Khaldūn nella *Muqaddima* (1981, p. 171) sottolinea che nel deserto (così come nelle steppe e negli altri luoghi tipici del nomadismo) non si ottiene nulla senza una lotta e che dunque una tale condizione di scontro è assolutamente ordinaria per i non sedentari. Vito Bianchi parla invece dell'attitudine, che rese i Mongoli fortissimi, a cavalcare a gambe tese e arco in mano (Bianchi 2005, p. 7). Egli si sofferma inoltre su un paio di episodi che ben rendono quello che abbiamo affermato a proposito della totale indisciplina dei nomadi e della loro efferata fantasia nel combattimento. Si dice infatti che l'Orda d'oro usasse porre a cavallo non solo i propri guerrieri ma pure dei fantocci con sembianze umane, in modo da dare l'impressione ai nemici di disporre di un numero esorbitante di combattenti. In caso di ripiegamento, inoltre, essi operavano saccheggi e la totale devastazione dei territori che attraversavano. Anche la fase dell'assedio prevedeva tecniche ossidionali indiscriminatamente violente: all'interno dell'accampamento oppure oltre le mura cittadine veniva scagliato il cosiddetto «fuo-

Mongoli che assediano una città nel Medio Oriente, XIII secolo.

co greco» (di fatto, bombe incendiarie), ma anche pietre e soprattutto cadaveri, allo scopo di diffondere malattie e scatenare epidemie presso la popolazione accerchiata (ivi, pp. 172-173).

Nel 1207, per esempio, durante il depredamento delle province tangute, inaspettatamente i Mongoli promisero ai cittadini di levare l'assedio solo a patto che i villaggi locali consegnassero loro tutti i gatti e gli uccelli. Gli abitanti obbedirono, senza rendersi conto che quella richiesta era solo apparentemente innocua e insignificante. I Mongoli, infatti, appiccarono il fuoco alle code e alle ali degli animali che erano stati loro affidati e questi ultimi, terrorizzati, si ritirarono d'istinto presso i loro rifugi tradizionali, provocando un enorme incendio che distrusse la città (ivi, p. 187).

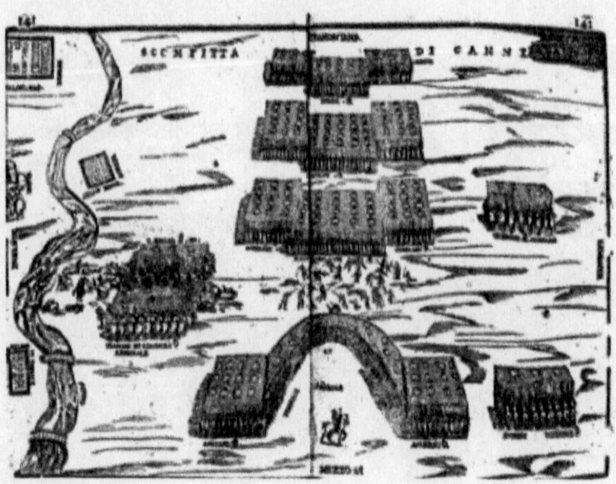

Assetto militare metrico e istituzionalizzato. *Prima fase della battaglia di Canne*, in M. Savorgnan, *Arte Militare terrestre e marittima*, Venezia 1599.

Gli Unni invece, secondo la ricostruzione di Gumilev (2014, p. 71), fingevano la ritirata per poi incombere con imboscate e altre manovre. Ma il momento del temporaneo ripiegamento coincideva con la dispersione: ogni guerriero prendeva una direzione diversa, in modo che i nemici non riuscissero a identificarli, né tantomeno a batterli. Il loro modo di combattere, così come quello di arretrare, mancava dell'organicità istituzionalizzata delle tecniche militari statuali.

Possiamo immaginare e concedere che queste narrazioni siano state enfatizzate dai resoconti che ne sono derivati, ma esse danno comunque la misura del modo in cui i nomadi delle steppe asiatiche vivevano il momento del combattimento, che era per loro un gioco al massacro e non il luogo di riassetto di equilibri o il terreno a partire dal quale si sarebbero potute stabilire nuove relazioni o proficue alleanze. Essi fuoriescono dalla dialettica tra potenze e mirano all'annientamento del nemico, incarnando con ciò la pura alterità e l'assoluta differenza.

> Che cos'è allora la società primitiva? È una molteplicità di comunità indivise che obbediscono tutte a una stessa logica centrifuga. Qual è l'istituzione che esprime e insieme garantisce il permanere di questa logica? È la guerra, come vera relazione tra le comunità, come principale mezzo sociologico di promozione della forza centrifuga di dispersione contro la forza centripeta di unificazione. La macchina da guerra è il motore della macchina sociale; l'essere sociale primitivo si fonda totalmente sulla guerra, la società primitiva non può sussistere senza la guerra.

> Quanto più c'è guerra, tanto meno c'è unificazione, e il miglior nemico dello Stato è la guerra. La società primitiva è una società contro lo Stato perché è una società-per-la-guerra. (Clastres 2013, p. 71)

Non deve stupire che storici e antropologi che si sono interessati allo studio delle popolazioni nomadi passate e presenti siano unanimemente concordi nel rilevare che tali società sono pacifiche e rifuggono il conflitto all'interno dei membri del gruppo. Non è un dato paradossale, anzi le due informazioni sono assolutamente complementari: la lotta impietosa è riservata all'esterno, a ciò con cui non si stabilisce alcun vincolo e che pertanto viene combattuto con ogni mezzo a disposizione. Tale scatenarsi della violenza, tuttavia, non comporta una pari conflittualità verso l'interno della formazione sociale, dove vige invece un clima di concordia e generale pacificazione.

La guerra implica tattiche e strategie che penetrano profondamente nell'anatomia sociale e la condizionano; la guerriglia, invece, è un'azione totale ma circoscritta, richiede una mobilitazione generale, ma la disarticolazione che la connota non le permette di radicarsi, cioè di costituirsi come qualcosa di permanente o essenziale per la società che la innesca. I nomadi combinano quindi una natura pacifica e crudele: sono capaci di mostrare una ferocia estrema e disordinata, ma al tempo stesso mantengono un clima di uguaglianza e cordialità all'interno delle loro società.

Proiettati al «Centro del mondo»

La dualità presente nella società nomadica diventa comprensibile considerando che tali popolazioni dispiegano i loro mezzi da combattimento più brutali non in maniera casuale, bensì contro un particolare schema sociale basato sull'accumulo, la burocratizzazione e, in termini più ampi, sull'immobilizzazione delle forme e dei flussi. Alla rigida struttura dello Stato, i nomadi contrappongono la flessibilità e il movimento: la linea di fuga che essi percorrono elude la rete, cioè la trappola statuale che vorrebbe categorizzarli, immobilizzarli.

Le popolazioni non stanziali non solo resistono all'immobilismo, ma si spostano di continuo. Questo costante adattamento all'ambiente circostante ci rivela come esse integrino l'idea di movimento anche nelle formazioni sociali, evitando ogni rigidità di ruolo, proprio come l'incessante spostamento che praticano impedisce loro di appropriarsi dello spazio. Sussiste quindi una feconda affinità tra il rapporto dei nomadi con il territorio e quello interpersonale all'interno delle loro popolazioni. Da un lato, i luoghi sono concepiti per essere attraversati, non posseduti; dall'altro, le categorizzazioni e le definizioni degli stati sociali vengono a crollare. Chi si oppone al flusso, coloro che intendono deviare il corso naturale della corrente – e così assegnare le parti – vengono posti sotto attacco. Ecco infatti alcuni dei caratteri che Deleuze/Guattari individuano nella scienza nomade, decisamente eccentrica rispetto all'epistemologia classica:

> 1. Essa segue un modello idraulico e non si presenta come una teoria dei solidi che considera i fluidi come un caso particolare [...] il flusso è la realtà stessa o la consistenza.
> 2. Si tratta di un modello di divenire e di eterogeneità che si oppone allo stabile, all'eterno, all'identico, al costante. È un «paradosso» fare del divenire stesso un modello e non più il carattere derivato di una copia [...].
> 3. [...] Il modello è del tipo vortice. Lo spazio è uno spazio aperto in cui si distribuiscono le cose-flussi, non più uno spazio chiuso distribuito per cose lineari e solide. È la differenza fra uno spazio liscio (vettoriale, proiettivo o topologico) e uno spazio striato (metrico): in un caso «si occupa lo spazio sen-

za contarlo», nell'altro «lo si conta per occuparlo». (Deleuze/Guattari 2006, pp. 530-531)

La macchina da guerra nomade, come descritta da Deleuze/Guattari, rappresenta una forza dinamica e imprevedibile, un simbolo di resistenza contro le strutture stabilite e un rifiuto delle norme e delle strategie convenzionali. Questa visione della guerra riflette un approccio fondamentalmente diverso alla strategia, al conflitto e alla vita più in generale. La guerriglia nomade non è una tattica militare, ma l'espressione della specifica *Weltanschauung* di queste popolazioni, della loro percezione e interazione con il mondo, che privilegia l'adattabilità, la velocità e la fluidità rispetto alla rigidità e alla prevedibilità. In altre parole, la realtà come flusso, il rifiuto dell'identico e del costante, nonché la distinzione tra spazio liscio e spazio striato, non sono solo metafore della tattica militare, ma rappresentano modi fondamentalmente diversi di comprendere e interagire con il mondo e dunque, allo stesso tempo, un richiamo potente alla comprensione e all'apprezzamento della diversità e della complessità.

Il simbolo per antonomasia della fluidità del nomadismo è l'unità abitativa tipica di queste popolazioni, ovvero la tenda. I nomadi preferiscono l'accampamento alla città, le operazioni di montaggio e smontaggio alla monumentalità architettonica. Ancora una volta, non si tratta con ciò di rinunciare al comfort ovvero di farsi portavoce di un modello di vita pauperistico: è accreditata da più fonti la grandiosità del corteo nomadico, all'interno del quale una singola tenda poteva essere rimorchiata da intere file di

Un carro regale mongolo con annessa tenda.

animali da traino, composte anche da una decina di buoi ciascuna.

Il sistema delle tende forma una sorta di città in movimento, come osservato da Ibn Battūta (2008, p. 377), ma allo stesso tempo testimonia della possibilità di un rapporto con l'ambiente alternativo rispetto a quello dei sedentari. La tenda, infatti, è un elemento di protezione dalle intemperie, ma rappresenta anche una superficie di contatto con la natura circostante: essa offre riparo e protezione, ma non erige barriere rispetto allo spazio presso cui si insedia. Essa costituisce il primo punto di riferimento per il nomade, la sua casa, cioè il luogo che più di ogni altro si carica di senso ed è ricco di tracce. La tenda, però, diversamente dalla maggior parte delle nostre strutture abitative, non delimita uno spazio standard e perlopiù uniforme, bensì raccoglie il nucleo familiare ponendolo al contempo in relazione diretta con l'esterno (Turri 2003, pp. 227-234). La residenza si trasforma così nella rappresentazione del modo che i nomadi hanno di intendere la relazionalità: l'atmosfera la invade e, pur posizionandosi sulla superficie di un terreno, non ne prende possesso, bensì crea una relazione di continuo dialogo con esso.

All'antropomorfizzazione del sito viene preferita, per così dire, la cosmicizzazione dell'essere umano. La tenda, infatti, è anche il punto di comunione del nomade con l'universo: la sua apertura superiore indica la disponibilità all'unione con le forze celesti, mentre il fatto che essa poggi direttamente sul suolo simboleggia il rispetto nei confronti delle potenze ctonie della Terra. Mircea Eliade descrive la cosmologia dei popoli altaici, distinguendo in essa tre piani: Cielo, Terra, Inferi. Egli sostiene che tale schema cosmico trova corrispondenza nel microcosmo abitato da quegli individui, e in particolare nella *yurta*, il cui foro congiungerebbe i tre assi cosmici. «Di conseguenza, *qualsiasi abitazione umana si trova proiettata nel "Centro del Mondo"*» (Eliade 2006, vol. III, p. 15). In questa maniera, l'individuo non sovrappone il modello antropomorfico a quello naturale, ma interagisce con il mondo stabilendo tra intimità ed esteriorità un rapporto osmotico.

Sloterdijk (2014, pp. 180-192) ci insegna che abitare significa ritagliare un luogo significativo all'interno dello spazio indifferente, ovvero distinguere la sfera di cui ci si prende cura da quella che non ci riguarda. L'essere umano procederebbe quindi per ritagli e attraverso la creazione progressiva di endosfere, spazi immunitari che delineano i contorni del nostro mondo e lo distinguono dal resto. «La storia dei popoli che odiano le mura», ammette, «resta da scrivere» (ivi, p. 200). Il caso dei nomadi, infatti, è del tutto atipico e a malapena aderente al progetto «utero-tecnico» (ivi, p. 180) che coinvolge le altre conformazioni sociali nella loro più ampia varietà: i popoli non sedentari espandono l'orizzonte del «qui» ed eludono ogni senso di proprietà dello stesso. Esiste anche per costoro un terreno non indifferente, anzi vissuto e denso di segni, ma i segni caratteristici di questo ambiente non sono necessariamente umani e il luogo appare costitutivamente aperto. Nello spazio ubano, le case infondono un senso di protezione e garanzia dall'esterno e assicurano l'universo del *proprium*; in misura proporzionalmente minore, la stessa funzione è svolta dalla città, dalla regione, dalla nazione e così via. Coi nomadi, questo disegno di accerchiamento centripeto viene ridotto ai minimi termini: esistono soltanto due sfere, quella della tenda e quella del territorio. Secondariamente, ciascuna di esse non si inquadra in un orizzonte circoscritto, ma traccia corrispondenze con la totalità degli elementi. Si intessono così trame e concatenamenti grazie ai quali il modello di protezione resta, ma rompe il suo stesso schema, cioè vanifica la funzione restrittiva per cui sembrava essere stato ideato.

Una società contro lo Stato: l'anti-comunità

L'analisi fin qui condotta ci permette di elaborare alcune considerazioni conclusive sul fenomeno del nomadismo. In particolare, vale la pena di considerare l'ipotesi, apparentemente paradossale, secondo cui la società nomade può venire intesa come un'anti-comunità. Per comprendere i termini della proposta, principiamo dalla definizione di Clastres, oggi largamente condivisa, del nomadismo interpretato nei termini di una «società contro lo Stato»: lo Stato è «lo strumento che permette alla classe dominante di esercitare il suo dominio violento sulla classe dominata». E tuttavia

> non vi è nulla, nel funzionamento economico di una società primitiva, di una società senza Stato, che per-

> metta l'introduzione della differenza fra più ricchi e più poveri, perché nessuno prova colà il desiderio assurdo di fare, di possedere, di apparire più del suo vicino. La capacità, uguale per tutti, di soddisfare i bisogni materiali, e lo scambio dei beni e dei servizi, che impedisce costantemente l'accumulazione privata dei beni, rendono semplicemente impossibile il nascere di un tale desiderio, desiderio di possesso che è, di fatto, desiderio di potere. (Clastres 1977, pp. 147-148)

Lo Stato è l'apparato che amalgama le differenze e abolisce il molteplice, mentre la società nomadica è il luogo della pluralità, dove un gruppo eterogeneo di individui si riconosce in una totalità che non risulta mai oppressiva nei confronti dei singoli esseri umani che la compongono. Bisogna però infine capire se questo gruppo risponde al nome di comunità o, come è nella nostra ipotesi, si conformi piuttosto all'idea di società. Se seguiamo la distinzione classica tra questi due termini dobbiamo necessariamente riferirci a Tönnies, che in *Comunità e società* (Tönnies 2011, pp. 15-36) interpreta il primo termine convocato come quel gruppo sociale genuino e avente una vita organica. La società (benché distinta dallo Stato) viene invece descritta come una formazione esclusiva, una pura costruzione mentale, al punto che si potrebbe sostenere che noi entriamo nella società allo stesso modo in cui ci introduciamo in un paese straniero. La comunità è un organismo vivente, la società è un corpo inerte, un artefatto privo di vita. Ancora, la relazione di comunità prevede un insieme di reciproci intendimenti, mentre la società è basata su contratti e convenzioni: beni, nemici e amici sono condivisi nella comunità, mentre le relazioni assumono una dimensione più formale e impersonale nel caso della società. Sulla stessa lunghezza d'onda si colloca pure l'*Encyclopedia of Community*:

> Le comunità sono pertanto il nocciolo e l'essenza dell'umanità, attorno a cui ogni altra cosa è intrecciata o avvitata. Esse assicurano una sicurezza pratica ed emozionale, nonché un senso di continuità attraverso la memoria condivisa. Esse ci forniscono un senso di finalità. Ci sostengono nelle nostre vite, nei quartieri, nelle scuole, presso i luoghi di lavoro e negli edifici che ospitano i nostri appartamenti [...]. Mentre la socialità è caratteristica di molti (ma non di tutti) gli animali, la comunità è la peculiare caratteristica dell'essere umano soltanto. Solo gli esseri umani formano gruppi sociali, o reti, che possono trasmettere scambi e comportamenti condivisi, idee, credenze e l'identità stessa. (Christensen/Levinson 2003, pp. XXXI, XXXVII, trad. mia)

Per concludere la carrellata, riportiamo anche un estratto da Roberto Esposito, che nell'incipit del suo *Communitas* dichiara:

> comunità è una «proprietà» che appartiene ai soggetti che si accomunano: un attributo, una definizione, un predicato che li qualifica come appartenenti al medesimo insieme, o una «sostanza» prodotta dalla

> loro unione. In ogni caso la comunità è concepita come una qualità aggiunta alla loro natura di soggetti, e che li rende soggetti di una comunità [...] l'aspetto più paradossale della questione è che «comune» è definito esattamente tramite il suo più ovvio contrario: il comune è ciò che unisce il patrimonio etnico, territoriale e spirituale di ciascuno dei suoi membri. Questi ultimi hanno in comune ciò che è loro più proprio: sono possessori di ciò che è comune a tutti loro. (Esposito 1998, pp. 2-3)

Come giudicare questi brani in relazione al nomadismo? Se teniamo fede all'ermeneutica, a cui in queste pagine è stato dato ampio credito, in base alla quale il «magma nomadico» lavora contro lo Stato, mi pare di poter altrettanto sostenere che esso si colloca al di fuori dell'orizzonte comunitario, che dalla formazione dello Stato direttamente dipende. La comunità appare come la qualità emergente che gli individui sviluppano sulla base della garanzia, di cui altrettanto godono, della protezione statale. Se pensiamo concretamente a qualche genere di comunità (L'*Enclyclopedia* ne elenca migliaia, da Auroville a quella del Burning Man, dalla religione al collezionismo ecc.) è facile rendersi conto che esse sono accomunate dallo svolgere funzioni tecnicamente inessenziali, accessorie rispetto alla mera sopravvivenza dell'individuo che vi prende parte, il quale tuttavia attribuisce loro un'importanza o un valore cruciali per il suo specifico assetto assistenziale.

In altri termini, la comunità descrive una relazionalità inter-umana di tipo sovrastrutturale: l'individuo entra a far parte di una comunità per scelta o comunque sulla base di una serie di convincimenti che condivide, quali la fede, la nazione, gli interessi e così via. È un senso di appartenenza quello su cui variabilmente convergono le fonti riportate: l'essere umano è della comunità a cui si riferisce e questo rapporto appropriativo del gruppo nei suoi confronti gli dà conforto, lo rassicura.

Questo avviene soprattutto perché lo Stato determina sì la nozione di possesso, ma è ugualmente lontano dai suoi cittadini, assumendo la forma di un ente distante e assente dalla vita quotidiana di coloro che rientrano sotto la sua garanzia e giurisdizione. Dalla discrepanza tra la necessità di protezione e la contemporanea sensazione di essere abbandonati al proprio destino, emerge il bisogno di comunità, l'impulso a fare rete con chi sentiamo invece prossimo, con qualcuno, cioè, in cui ci si possa finalmente riconoscere. Alla fase dell'abbandono, segue quella della confidenza ritrovata. Questa trama di rapporti è derivata da una condizione ben precisa di cui appunto costituisce la conseguenza, pertanto essa non gode di alcuna priorità. Detto altrimenti, la comunità consegue – e dunque dipende – dal darsi dello Stato, istituzionalizzazione della vita comune che codifica le relazioni umane e crea dei vuoti tra gli individui implicati nella connessione, mai reciproca, del tutto con le sue parti.

Diversamente vanno le cose presso i nomadi, i quali difettano nella formazione dello Stato e che, quindi, risultano altrettanto manchevoli delle strutture comunitarie. La loro relazionalità è elementare (cioè essenziale, e perciò inerente al loro più profondo essere) e non esclusiva rispetto all'esterno: non ci si riconosce in un frammento di vita, ma si connettono gli elementi nell'eterogeneità del concatenamento. Il cosmo/la yurta/l'essere umano; l'arco/il cavallo/il fantoccio; la femmina/il maschio/la mungitura: non si può stabilire un'uniformità di contesto, non esistono comuni denominatori. In questo modo viene a decadere anche ogni possibile organicità del corpo sociale: non ci troviamo dinnanzi a un attore istituzionale organicamente coerente in ciascuna delle sue parti. Si tratta, invece, di ricomporre sempre le proporzioni e di inventarne di nuove.

La società nomadica è puramente funzionale, perché priva di ideologia; essa, inoltre, non può nemmeno dirsi intellettuale come invece è possibile nel caso delle comunità, perché è elementare, cioè si caratterizza per la semplice capacità di entrare in risonanza con lo spazio e modularsi in esso. In questo scenario, la società nomadica emerge come un'entità distinta e autonoma, che sfida le convenzioni stabilite e mostra sotto una nuova prospettiva le nozioni tradizionali di comunità e di appartenenza.

Senza sentire il bisogno di creare e appoggiarsi alle sovrastrutture comunitarie, i nomadi incarnano la diversità e il movimento, celebrando un'esistenza che si adatta costantemente e dinamicamente al suo ambiente. La loro vita, caratterizzata da un rapporto diretto e non mediato con lo spazio, svela un modello basato sull'interazione armonica e non coercitiva con la natura. La società nomadica, quindi, non solo si distingue per la sua funzionalità e assenza di ideologie, ma rappresenta anche una sfida alle declinazioni più rigide dell'idea di comunità, mostrando che la relazionalità umana può trovare un'espressione autentica e spontanea anche al di fuori della dimensione statale e istituzionale alla quale la maggior parte di noi tende ad affidarsi.

I nomadi contribuiscono a mappare nuove possibilità del vivere, portando alla luce una gamma di prospettive che, senza di loro, da sedentari avremmo ignorato oppure considerato troppo audaci e addirittura scandalose da esplorare.

Azzara, C. 1999, *Le invasioni barbariche*, Il Mulino, Bologna.

Baali, F. 1988, *Society, State, and Urbanism: Ibn Khaldun's Sociological Thought*, SUNY Press, Albany.

Barral, H. 1977, *Les populations nomades de l'Oudalan et leur espace pastoral*, Orstom, Paris.

Bianchi, V. 2005, *Gengis Khan. Il principe dei nomadi*, Laterza, Roma-Bari.

Christensen, K. e Levinson, D. 2003, *The Encyclopedia of Community. From the Village to the Virtual World*, Sage Publications Inc., Thousand Oaks-London-New Delhi.

Clastres, P. 1980, *Chronique des indiens guayaki. Ce que savent les Aché, chausseurs nomades du Paraguay*, Paris 1972, tr. it. di R. Capone, *Cronaca di una tribù. Il mondo degli indiani Guayaki cacciatori nomadi del Paraguay*, Feltrinelli, Milano.

Id. 1977, *La Societé contre l'État. Recherches d'anthropologie politique*, Paris 1974, tr. it. di L. Derla, *La società contro lo Stato. Ricerche di antropologia politica*, Feltrinelli, Milano.

Id. 2013, *Recherches d'anthropologie politique*, Paris 1980, tr. it. di G. Lagomarsino, *L'anarchia selvaggia. Le società senza Stato, senza fede, senza legge, senza re*, Elèuthera, Milano.

De Landa, M. 2006, *A New Philosophy of Society*, Continuum, New York.

Deleuze, G., Guattari, F. 2006, *Mille plateaux. Capitalisme et schizophrénie*, Paris 1980, tr. it. a cura di M. Guareschi, *Mille piani. Capitalismo e schizofrenia*, Castelvecchi, Roma.

Diamond, J. 2006, Guns, Germs, and Steel. *The Fates of Human Societies*, Penguin, London 2005, tr. it. di Civalleri, L., *Armi, acciaio e malattie. Breve storia del mondo negli ultimi tredicimila anni*, Einaudi, Torino.

Eliade, M. 2006, *Histoire des croyances et des idées réligieuses*, Payot, Paris 1975, tr. it. di M.A. Massinello e G. Schiavoni, *Storia delle credenze e delle idee religiose*, in 3 voll., Bur, Milano.

Esposito, R. 1998, *Communitas. Origine e destino della comunità*, Einaudi, Torino.

Galletti, P. 2011, *Uomini e case nel Medioevo tra Oriente e Occidente*, Laterza, Roma-Bari.

Gasparri, S., La Rocca, C. 2012, *Tempi barbarici. L'Europa occidentale tra antichità e Medioveo (300-900)*, Carocci, Bologna.

Giovanni Da Pian Del Carpine 1996, *Historia Mongolorum quos nos Tartaros appellamus*, tr. ingl. Di E. Hildilger, *The Story of the Mongols whom we call the Tartars*, Branden, Boston.

Grekov, B.D. 2013, *Zolotaya Orda i eyo padenie*, tr. it., *L'orda d'oro. Le conquiste militari dei Mongoli, l'invasione della Russia, la grande minaccia all'Europa occidentale*, Res Gestae, Milano.

Grousset, R. 1965, *L'empire des Steppes. Attila, Gengis Khan, Tamerlan*, Payot, Paris.

Guglielmo Di Rubruck 2011, *Itinerarium*, tr. it. a cura di P. Chiesa, *Viaggio in Mongolia*, Fondazione Lorenzo Valla, Milano.

Gumilev, L.N. 2014, *Khunnu*, Moscow 2003, tr. it. di C. Cosetti, *Gli Unni. Un impero di nomadi antagonisti dell'antica Cina*, Res Gestae, Milano.

IBN BATTŪTA 2008, *I viaggi*, a cura di C.M. Tresso, Einaudi, Torino.

IBN KHALDŪN 1981, *The Muqqadimah*, 1377, en. tr. by Franz Rosenthal, Princeton University Press, Princeton.

MARCHIONATTI, R. *La riflessione sulla libertà selvaggia di Pierre Clastres*, in Clastres 2013, pp. 7-24.

MARTINI, F. 2008, *Archeologia del Paleolitico. Storia e culture dei popoli cacciatori-raccoglitori*, Carocci, Bologna.

SAHLINS, M. 1972, *Stone Age Economics*, Aldine-Atherton, Chicago-New York.

SELLATO, B. 1989, *Nomades et sédentarisation à Borneo. Histoire économique et sociale,* Édition de l'École des Hautes Études en Sciences Sociales, Paris.

SLOTERDIJK, P. 2014, *Sphären II. Globen*, Frankfurt am Main 1999, tr. it. a cura di G. Bonaiuti, *Sfere II. Globi*, Raffaello Cortina, Milano.

TÖNNIES, F. 2011, *Gemeinschaft und Gesellschaft*, Leipzig 1887, tr. it. a cura di M. Ricciardi, *Comunità e società*, Laterza, Roma-Bari.

TURRI, E. 1978, *Nomadi. Gli uomini dei grandi spazi*, Fabbri, Milano.

ID. 2003, *Gli uomini delle tende. Dalla Mongolia alla Mauritania*, Bruno Mondadori, Milano.

BIOGRAFIA

SILVIA CAPODIVACCA è una filosofa, ricercatrice in Estetica all'Università Pegaso. Convinta che anche sul piano della ricerca sia necessario praticare il nomadismo e seguire le linee di fuga dalle rigidità ideologiche e concettuali, si è dedicata, tra l'altro, alle intersezioni tra filosofia e psicoanalisi, ai punti di contatto tra filosofia e letteratura e al pensiero digitale. Collabora come autrice e formatrice didattica con la casa editrice scolastica Loescher. Tra i suoi libri: *Danzare in catene. Saggio su Nietzsche* (2009), *Sul tragico. Tra Nietzsche e Freud* (2012), *Novecento. La storia, una vita* (2015).
www.silviacapodivacca.com

Finito di stampare
nel mese di aprile 2025
presso Rotomail Italia S.p.A. – Vignate (MI)